# COMMENT SE DÉBARRASSER DE SES VOISINS

de Marie-Sabine Roger
illustré par Olivier Tossan

# CHAPITRE 1

Chaque été, mes parents et moi, nous allons en Camargue, au camping des Flamants Roses, avec Tonton Sylvestre, Tatie Lulu et ma cousine Puce. On y retrouve toujours leurs amis, les Prudent. Les hommes jouent à la pétanque, les femmes vont à la plage. Puce et moi, on reste ensemble et on s'amuse bien.

Mais cette année, lorsqu'on est arrivés, le camping était plein comme un œuf, et le propriétaire venait juste de louer une partie de notre emplacement habituel à des nouveaux : les Mouajeux... Il s'est excusé en disant :

– Ça ne vous dérangera pas trop, j'espère ?

– Mais non ! a répondu mon père. C'est une occasion de se faire d'autres amis !
– Bien dit ! D'ailleurs ils ont un fils, ça fera un copain pour vos enfants ! a ajouté le patron du camping en ouvrant la barrière.
Au bout du camping, les Mouajeux étaient assis devant leur tente. Mouajeux est grand, gros et rouge (surtout du nez). Sa femme, une espèce de girafe, traîne les pieds en marchant. Leur garçon ressemble à son père. Il est venu vers nous, une pizza graisseuse à la main, et il m'a demandé, en postillonnant :
– Comment tu t'appelles ?
– Thomas Paulet.

Il a ricané, comme un imbécile.
– Tomate Pelée ? Whouahaha !
Puce l'a foudroyé du regard.
Elle a grincé :
– Et toi, c'est quoi, ton prénom ? Crétin-Burger ?
Le gros s'est étranglé, il est devenu tout rouge. J'ai cru qu'il allait nous sauter dessus mais, à ce moment-là, sa mère l'a appelé d'une voix nasillarde :
– Kévin, laisse tes petits copains, et viens mettre la table !

L'imbécile est parti en roulant des épaules. Puce et moi on s'est regardés, sans un mot. Catastrophés…

Depuis, la première impression s'est confirmée. L'idiot passe son temps à faire des allers-retours à la baraque à frites. Il jette des papiers gras partout. Il joue au foot tout seul, juste à côté des tentes. Ça nous énerve, et nos parents aussi. Mais je crois que le pire, c'est son père : il s'impose partout, et c'est un gros vantard.

# CHAPITRE 2

Le premier soir, Papa et nos amis ont commencé une partie de boules. M. Mouajeux s'est approché.

– Vous savez jouer ? a gentiment demandé Papa.

– Si je sais jouer ? Moi ? Pfff ! Vous voulez rire ! Votre partie de pétanque, moi, j'en fais mon affaire ! Vous allez voir !

En fait, c'est surtout M. Prudent, qui a « vu ». M. Mouajeux a tiré sa première boule. On a entendu un grand « Whouaaa ! » M. Prudent, tout rouge, sautillait sur un pied en se tenant l'autre.

– Eh bien vous, on peut dire que vous n'avez pas de chance ! a dit M. Mouajeux à M. Prudent, avec un gros rire.

Madame Prudent s'est écriée :
– Thomas, va vite chercher de la pommade, dans la trousse à pharmacie !

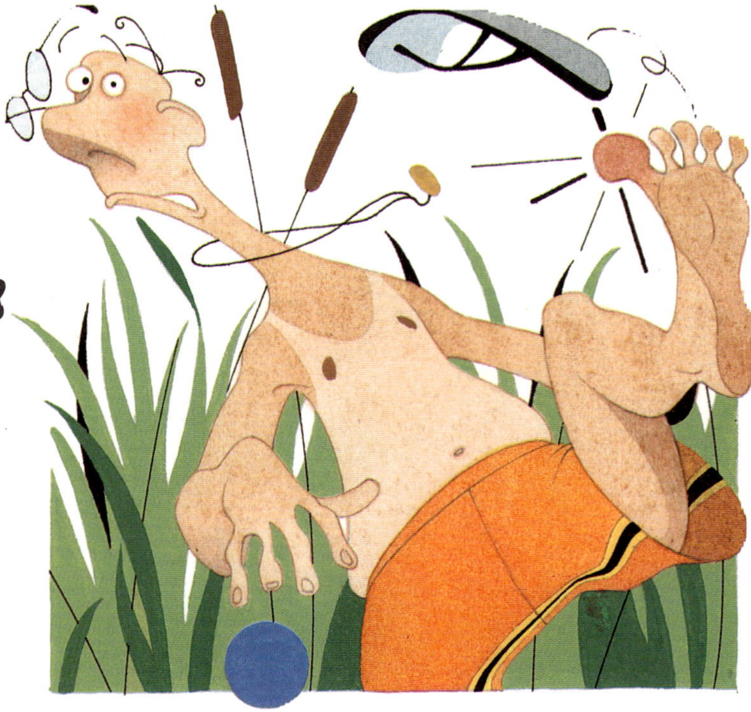

Papa, lui, restait pétrifié, en murmurant :
– Mais ?... Comment Eugène a-t-il pu recevoir une boule sur le pied ? Il était derrière M. Mouajeux !

Le fils Mouajeux regardait la scène en rigolant. Comme on lui jetait un regard noir, Puce et moi, il a demandé, sournois :
– Hé, Tomate Pelée ! Qu'est-ce qu'il a, ton voisin ? On dirait qu'il a… les boules !
Je ne sais pas ce qui m'a retenu. Peut-être le fait qu'il me dépasse d'une tête ?…

Le lendemain, Tonton a proposé une partie de pêche. M. Mouajeux a dit :
– Puisque votre copain est à l'hôpital pour passer une radio, il reste une place dans votre barque, non ?
– Heu… vous savez pêcher ? a demandé Tonton Sylvestre.
– Si je sais pêcher ? Moi ? Ha, ha ! Vous voulez plaisanter ! Votre partie de pêche, moi, j'en fais mon affaire !… Vous allez voir !

Ils sont revenus bredouilles. Et mécontents. Surtout Papa, parce que M. Mouajeux s'est assis sur sa canne à pêche.

– Vous alors, on peut dire que vous n'avez pas de chance ! lui a répété M. Mouajeux, toute la soirée, d'une voix tonitruante, chaque fois qu'il le croisait.

RON
RON
ROOON
RON
RON
ROOONN
ron

# Chapitre 3

Eugène Prudent est plâtré. Le médecin a dit qu'il n'avait jamais vu « une aussi belle fracture ». Papa est énervé, sa canne à pêche est juste bonne à faire des cure-dents. Tonton Sylvestre est contrarié, lui aussi. Sa tente est à côté de la caravane des Mouajeux, qui mettent leur radio à fond, le matin. Très tôt. En plus, M. Mouajeux ronfle ! Comme Tonton lui faisait la réflexion, l'autre a répondu, jovial :

– Eh bien, si je vous empêche de dormir en ronflant, au moins, ma radio ne risque pas de vous réveiller !

– Et pourquoi donc ? a demandé Tonton, perplexe.

– Pourquoi ? Mais parce que vous êtes déjà réveillé ! Ha, ha !
Il a dit « Ha, ha ! » en donnant une grande claque dans le dos de Tonton qui est petit et maigre. Tonton a fait « Ouffff ! », et il est parti en avant en battant des bras. Il s'est rattrapé au piquet de sa tente, heureusement. Enfin, heureusement pour lui, pas pour sa tente… Mais c'est pas grave, elle est facile à remonter.

M. Mouajeux, surpris de voir que Tonton partait en vol plané, s'est avancé pour l'aider à se remettre d'aplomb. On a entendu « Crrac ! ».

– Eh bien, vous non plus, on peut dire que vous n'avez pas de chance ! a dit M. Mouajeux en ôtant son pied des débris de lunettes de Tonton. J'ai rarement vu quelqu'un d'aussi maladroit que vous !...

Tonton Sylvestre était visiblement à bout...

J'ai chuchoté à Puce :

– Je crois bien que le temps va se gâter !

Je ne m'étais pas trompé : le soir même, à la fin du repas, Tonton a dit soudain :

– Je n'en peux plus ! Je craque ! Ce type est en train de pourrir nos vacances !

– Je sais bien, a soupiré Papa. Mais que veux-tu qu'on y fasse?



Soudain, Puce a dit, de sa petite voix pointue :

– J'aurais bien une idée, moi…

– Une idée ? On est preneurs ! s'est écrié Tonton. Tout, plutôt que continuer à supporter cette espèce de sale…

– … Qu'est-ce que c'est, ton idée, ma Puce ? a vite coupé Maman.
– Ben… si vous invitiez M. Mouajeux à la chasse au tihabru ?
Il y a eu un silence. Puis Papa, avec un sourire diabolique, a murmuré :
– Mmmmhhh ! C'est une excellente idée !…
Très tard dans la nuit, on en discutait encore à voix basse…

# Chapitre 4

Le lendemain, mes parents ont invité les Mouajeux pour l'apéritif. À un moment, Tonton s'est mis à raconter ses plus belles parties de chasse. Papa en rajoutait : et des faisans comme ci, et des sangliers comme ça ! Dans notre coin, Puce et moi, on se marrait d'autant plus qu'on n'a jamais vu ni mon père, ni mon oncle tenir un fusil ! Mais celui qui avait tiré les plus gros lièvres, les plus beaux chevreuils, qui avait gagné des concours de ceci et de cela, c'était Mouajeux, bien sûr ! Je la voyais bien, dans les yeux de Papa, la petite lueur satanique... J'ai chuchoté à Puce :

– C’était génial, ton idée. J’espère que ça va marcher !
Comme convenu, j’ai glissé, innocent :
– Vous n’allez pas à la chasse au tihabru, cette année ?
Maman a renchéri :
– Tiens, c’est vrai, Norbert ! Pourquoi n’y vas-tu pas avec Sylvestre ?
Papa a eu une moue dépitée.
– Impossible, avec la fracture de Prudent ! C’était lui qui les attrapait, les autres années. Il faut être un excellent chasseur, pour le tihabru, tu le sais bien…
– C’est vraiment dommage, a repris Tonton. J’ai discuté avec des chasseurs, au village, ce matin. Ce sera, paraît-il, une année extraordinaire pour le tihabru !

Depuis un moment, on sentait bien que M. Mouajeux brûlait d'envie d'intervenir. Enfin, n'y tenant plus, il a fini par placer :

– Qu'est-ce que c'est, au juste, votre tabiru ?

– Tihabru, a repris Eugène Prudent.

– Ah, vous ne devez pas connaître ça, chez vous, a continué Papa, d'un ton savant. C'est régional. Le tihabru est un canard des marais, dont la chasse n'est ouverte qu'entre le 15 et le 31 juillet. Et la nuit seulement !

– Diable ! C'est original ! a fait M. Mouajeux, d'un air intéressé.

– Bien plus qu'original : rare ! a ajouté Tonton.

Papa a poursuivi :

– Le tihabru se chasse sans fusil, car c'est un oiseau émotif : les plombs gâteraient sa chair, qui est absolument dé-li-cieuse !... N'est-ce pas, les enfants ?

Puce et moi, d'un air gourmand, on a fait :

– Mmmmmhhhh !

Tonton a repris, gravement :
– La chasse au tihabru peut durer toute une nuit. D'ailleurs, on ne l'attrape souvent qu'au petit jour… Il faut être trois, sinon, aucun espoir… D'habitude, Sylvestre et moi faisions les rabatteurs, et Prudent capturait l'animal. C'est un grand chasseur. Un chasseur exceptionnel ! Hélas…
M. Prudent a soupiré, lugubre, en regardant son plâtre.
Il y a eu un silence lourd. Puce et moi, on se retenait pour ne pas exploser de rire… Enfin, comme s'il venait d'y songer à l'instant, Papa s'est exclamé :
– Mais ! J'y pense ! Vous-même, M. Mouajeux, qui êtes un fin chasseur ?… L'aventure vous tenterait peut-être ?
Visiblement, l'autre n'attendait que ça.
– Ah, bien sûr ! s'est-il exclamé, s'il vous faut quelqu'un d'efficace ! Allez, c'est dit ! Votre canard n'a qu'à bien se tenir ! J'en fais mon affaire, de votre tahibru !
– Tihabru… a rectifié Papa avec un grand sourire.

# Chapitre 5

Rendez-vous a donc été pris pour la nuit suivante : la météo prévoyait un temps chaud et humide, idéal pour une bonne chasse au tihabru. Papa et Tonton s'occuperaient du matériel. M. Mouajeux prendrait son 4 × 4.

Au moment du départ, mon père m'a serré contre lui, puis il a embrassé ma mère. Puce tirait son père par la manche. Tonton lui a ébouriffé les cheveux, en disant :

– À demain, Puce. Avec M. Mouajeux, tout ira bien ! La capture du tihabru, il en fait son affaire !…

– Évidemment ! opinait Mouajeux, d'un air suffisant.

Puis il a démarré en trombe, en faisant un grand geste en direction des marais, dans le genre : « En route pour de nouvelles aventures ! »...

J'ai dit à Puce, bien fort, en lui mettant la main sur l'épaule :
– Allez, t'inquiète pas, va, Papa connaît bien la route…
Puce a failli s'étrangler de rire mais, comme elle tournait le dos au fils Mouajeux, il a pris ça pour un sanglot.
Il a ricané aussitôt :
– Hé, les nains !
Pas la peine d'avoir la trouille ! Vos pères risquent rien : ils sont avec le mien, alors !…
J'ai répondu, d'une voix chevrotante :
– J'arrête pas de le lui dire. Et puis, il n'y a eu que sept disparus en dix ans, dans les sables mouvants !

L'autre n'a plus rien dit. Il a juste fait : « Gllp ! », puis il est reparti vers sa tente.
Nous, on a filé vers les digues, pour prendre part, discrètement, à cette chasse au tihabru…

# Chapitre 6

Cachés derrière une dune, on voyait tout. Papa et Tonton s'étaient arrêtés entre le grand et le petit marais, dans un endroit désert. Ils ont sorti le matériel : un pliant, un grand sac-poubelle et deux lampes torches, une pour eux, une pour M. Mouajeux. Puis Papa a tout expliqué à M. Mouajeux.

– Le tihabru est un nocturne. Il est attiré par la lumière, comme les moustiques ! Vous allez le piéger grâce à cette lampe… Seulement, comme il est craintif, la lumière ne suffit pas… Il faut également imiter le chant d'amour de sa cane. D'ailleurs, je crois bien qu'il y en a une dans le coin… Écoutez…

À plat ventre dans le sable, Puce a imité le « chant d'amour », d'une voix aiguë :
– Ti-ha-bru !... Ti-ha-bru !...
Moi, je pleurais de rire.

– Oui ! Là ! Ça fait « Ti-ha-bru, ti-ha-bru ! » s'est écrié M. Mouajeux.
– Chhhtt ! Calmez-vous. Asseyez-vous sur ce pliant, le sac-poubelle grand ouvert devant vous, la lampe allumée au fond. Appelez-le plus fort que cette cane, et sans jamais vous arrêter ! Pendant ce temps, Sylvestre et moi, nous ferons les rabatteurs. Surtout, n'arrêtez pas de chanter tant qu'il n'est pas au fond du sac !
– J'en fais mon affaire ! J'en fais mon affaire ! répétait M. Mouajeux en bombant le torse.
– Très bien ! Tenez-vous prêt ! a dit Tonton en s'éloignant avec mon père.

Pendant une petite heure, cachés dans les dunes, Puce et moi on a chantonné « Ti-habru » sur tous les tons. Papa et Tonton, de leur côté, appelaient à mi-voix, de temps à autre, comme s'ils faisaient vraiment les rabatteurs :

– Pssst ! Mouajeux ! Là ! Sur votre droite ! Vous l'avez vu ?

– Derrière vous, Mouajeux ! Il va se poser, attention !

M. Mouajeux, au milieu d'une nuée de moustiques attirés par sa lampe, répondait d'une voix coassante, en s'envoyant des claques à tour de bras :

– Je l'entends ! Je le vois ! J'en fais mon affaire !

Quand on en a eu assez, on a rejoint nos pères un peu plus loin, et, discrètement, on est rentrés au camping.

En partant, on entendait toujours M. Mouajeux qui hurlait à tue-tête :

– Ti-ha-bru ! Ti-ha-bru ! Ti-ha-bru !

Et, de loin, ça faisait : « Abruti ! Abruti ! Abruti ! »...

# Chapitre 7

Le lendemain matin, les Prudent sont venus petit-déjeuner avec nous, pour savoir comment s'était passée la fameuse « chasse ».

– Pauvre Mouajeux ! a dit Tonton. Il a dû avoir la visite de tous les moustiques du marais ! Vous pensez, avec ce temps chaud et humide !

– Tiens, en parlant du loup… ! Le voilà qui revient… a murmuré Papa.

Le 4 × 4 remontait lentement l'allée.

M. Mouajeux est passé devant nous, sans s'arrêter. Il semblait de très mauvaise humeur. Sûrement parce qu'il était couvert de piqûres de moustiques de la tête aux pieds, comme s'il sortait d'une varicelle…

– Tiens ? M. Mouajeux ne dit plus bonjour ? s'est étonné M. Prudent.

– Ça alors ! Quelle mouche le pique ? a ajouté Tonton.

On a tous éclaté de rire si fort que Maman a failli se noyer dans sa tasse de thé, parce qu'elle avait tout avalé de travers.

Dans la matinée, M. Mouajeux a plié bagage, avec sa femme,

son 4 × 4, sa varicelle, et son crétin de fils. Ils ne nous ont même pas dit au revoir… Le soir même, ils étaient remplacés par une famille de Parisiens. Des gens drôlement sympas, avec deux enfants de notre âge. Alors on s'est tous dit que les vraies vacances allaient enfin pouvoir commencer !

Loi 49.956 du 16.07.1949
Dépôt légal : 1er trimestre 2001
ISBN : 2-7459-0232-6
Imprimé en France par Fournié